OJO POR OJO

Obras y trabajos de santería para defenderse

Oshun Ala Erinle

"Los problemas no matan, nos hacen más sabios"

Este mundo está lleno de adversarios, gente que
siempre pretende ser nuestros amigos, pero que
no lo son.

A todos los que luchan dia a dia y no se rinden en el camino. A todos los que verdaderamente aman la Osha.

A **Oshun** y a **Inle** por ser todo, cuando no he tenido nada. Por mostrarme el camino. Por ser la felicidad de mi vida.

A mi familia y amigos, los que se quedaron, los que no necesitan de un nombre para saber lo importante que son para mí. A mis padrinos, que de una forma u otra contribuyeron a mi formación.

Gracias

Esta limpia la vamos hacer, cuando no podemos dormir bien, o porque tenemos un espíritu obsesor o un Eggún que no está molestando.

Materiales:

9 Amapolas (flor de marpacífico) de diferentes colores
9 Cinta o listones de telas varios colores (no utilizar negro)
Cascarilla(ori)
Agua bendita (Omí lasa)
Manteca de corojo (Epó)
2 velas blancas (Itana Meyi)
Tabaco (Achá)
Aguardiente de caña (Otí)
Coco seco (Obí)
Muda de ropa vieja para romper

Lo primero que vamos hacer es lavar el coco para limpiarlo de cualquier mala energía, luego lo colocamos en un círculo con cascarilla, con las dos velas prendidas, procedemos amarrar las flores con las cintas, antes de empezar el Sarayeyé (limpia) con ellas, la persona debe quitarse los zapatos y untar la manteca de corojo (Epo) en las plantas de los pies, usar la muda de ropa vieja. Comenzamos haciendo el Sarayeyé con las flores (amapolas), luego le soplamos aguardiente(Oti) y humo de Tabaco(Acha) para proceder con la limpia, comenzamos a rasgar las ropas.

Todo lo anterior lo acompañamos con la
moyugba(rezo) que hemos elegido. Ya
finalmente lavamos los pies a la persona
(esto podemos preparar un agua con
albahaca cascarilla para lavar los pies
es para refrescar cualquier carga que
aun quede) finalmente lo colocamos
dentro del circulo de cascarilla y con
el coco procedemos hacerle la limpia por
todo el cuerpo, pidiendo que todos los
muertos oscuros que perturban a esta
persona regresen a donde pertenecen.
Entregamos todo lo que utilizamos en el
Sarayeyé(limpia) a la entrada del
cementerio para que Oyá se encargue.

Cuando tenemos molestos enemigos que nos atormentan con polvos, brujería o cualquier trabajo espiritual o de magia negra este es muy buen trabajo para nosotros mismos atormentar a la persona enemiga, a este trabajo yo le llamo **el sonajero de los dolores de cabeza**, les explico porque: cuando yo le sueno el sonajero este a Elegguá le pido: "Baba(papa) yo no le hago mal a nadie, ni quiero hacerle mal, si usted cree que esta persona a la cual yo tengo encerrada en esta vaina de flamboyán se está metiendo con nosotros, se la entrego para que se encargue de ella".

Materiales:

Una vaina de flamboyán
Hilo rojo
Hilo negro
9 Pimientas guineas(Ataré)
9 Peonias(Ewereyeyé)
manteca de corojo(Epo)
9 velas blanca(Itana)
Pelos de perro
Pelos de gato
Tabaco(Achá)
Aguardiente de caña(Otí)
Papel amarillo de bodega
Lápiz de carbón

Tomamos la vaina de flamboyán la vamos abrir, con mucho cuidado para no dañarla, escribimos con el lápiz de carbón el nombre y los apellidos de la persona a la cual le estamos haciendo el trabajo, embarramos el papel donde escribimos el nombre con manteca de corojo y lo metemos dentro de la vaina con las 9 pimientas(ataré), 9 peonias(Ewereyeyé)y los pelos de perro y de gato. Con mucho cuidado para que no

3

se salga lo que pusimos dentro,
embarramos por fuera la vaina de
flamboyán y procedamos a envolverla cn
hilo negro y rojo pidiendo: cada vuelta
que le doy a esta vaina todo brujería,
magia negra u obra de atraso, regresa de
vuelta a donde la hicieron con el doble
de fuerza. Luego presentamos a Elegguá
este trabajo rociándole aguardiente y
humo de tabaco, y vamos a encender una
sola vela diariamente hasta completar
las nueve, movemos la vaina fuertemente
delante de Elegguá y hacemos la
moyugba(rezo) y pedimos con mucha fe. Al
noveno día lo llevamos a un hospital
psiquiátrico y lo dejamos en la entrada.
Y decimos Elegguá aquí le entregamos la
nueva casa a nuestro enemigo.

Esta obra se puede utilizar para muchas cosas como, por ejemplo: Para solucionar sus problemas con enemigos, abrir los caminos de la prosperidad que no falte empleo y salud.

Materiales:

4 plátanos machos verdes
16 pimientas de guinea (Ataré)
un cuchillo de mesa
manteca de corojo (Epó)
azúcar parda
vino seco
una copa de cristal
papel de bodega
lápiz de carbón
2 velas blancas (Itana meyi)
un plato color blanco

Primero embarramos los plátanos bien en manteca de corojo y lo ponemos asar con su cascara y todo en el horno o al carbón, cuando estén asados los 4 plátanos con el cuchillo de mesa lo vamos atravesar y untamos más manteca de corojo, ponemos uno seguido del otro atravesados por el cuchillo luego los colocamos el plato blanco, le ponemos encima 16 pimientas de guinea, en el mismo plato colocamos la copa llena de vino seco y dentro vamos a poner dos pedazos de papel en forma de cruz con el nombre de nuestro enemigo o la persona que queremos obtener el favor y vamos a taparlo con el azúcar parda.

Presentamos frente a Shango con dos velas y moyugbamos(rezar) haciendo la petición, le ponemos esta obra por 16 días, entregamos bajo una palma real, la copa y el plato tenemos que romperlo y clavamos el cuchillo al pie de la palma.

Materiales:

5 Girasoles
5 Estillas de canela
5 Anís estrellado
5 Clavos de olor
Perfume de sándalo
Perfume Pompeya
Miel de abejas(Oñí)
Agua de rio o agua de la sopera de Oshun
2 velas Blanca (Itana Meyi)

Colocamos en una olla de metal, los girasoles, la canela, el anís estrellado, los clavos de olor y la miel de abeja ponemos a hervir como con un litro de agua aproximadamente, cuando el agua se torne oscura apagamos el fuego dejamos reposar colamos agregamos el agua de rio o de la sopera de Oshun ponemos un chorrito perfume de sándalo y perfume de Pompeya, presentamos a Oshun con dos velas y le hacemos nuestra moyugba(rezo). Cuando las velas se hayan terminado está listo nuestro baño. Nos bañamos con agua y jabón normal y luego nos ponemos el baño de los hombros hacia abajo lavándonos bien nuestras partes íntimas con el baño. El baño se recomienda hacer 5 viernes seguidos.

Primero debemos arreglar una limpieza a la casa donde estamos viviendo, como lo hacemos de costumbre, si la casa no la barres y la limpia bien no tendrá efecto.

Materiales:

5 hojas de calabaza(Oguede)
Harina de maíz fina
5 moneda de color cobre
Pescado ahumado(Eyá)
Jutia ahumada(Ekú)
Miel de abejas(oñi)
5 platos pequeños
2 velas blancas(itana meyi)

En cada plato vamos a poner primero una hoja de calabaza encima le vamos a poner un puñado de harina de maíz una moneda de cobre un poquito de pescado ahumado un poquito de jutia ahumada, miel de abejas luego presentamos a Oshun junto con las dos velas prendidas, moyugbamos(rezo) y pedimos salud que es lo principal, abundancia ya que nunca debemos decir dinero. Y finalmente cuando las velas se terminen colocamos el primer platico en la puerta de entrada, otro en la salida, lo vamos a poner buscando los 4 puntos cardinales y el quinto en el centro de nuestra casa el punto medio, esta obra la vamos a poner por 25 días, al retirarla la llevamos a un lugar donde salga el sol y pedimos que según sale el sol, que sea Oshun quien nos haga nacer la prosperidad diariamente con ese brillo y esa fuerza.

Cuando digo de esta forma ganar favor es para pedirle a este Orisha que interceda por nosotros en cualquier problema.

*los clavos de líneas y las 3 Otaces(piedras) se deben ir a recoger por uno mismo al lugar, es decir por donde pase un tren, a la línea del tren.

Materiales:

3 clavos de línea
3 Otaces(piedras)negras pequeñas
3 boniatos
miel de abejas (Oñí)
9 pimientas guinea (Ataré)
manteca de corojo(Epó)
jutia ahumada(Ekú)
pescado ahumado(Eyá)
aguardiente de caña(Otí)
tabaco(Achá)
pañuelo verde oscuro
un plato blanco
2 velas Blanca (Itana Meyi)

Hervimos los boniatos con cascaras que no se desbaraten los dejamos enfriar, tomamos las Otaces y le ponemos manteca de corojo, las colocamos entre las dos manos cerrándolas y le vamos a contar todos los problemas que tenemos a las Otaces luego con mucho cuidado que no se desbaraten los boniatos le metemos cada Ota(piedra) a cada boniato junto con 3 pimienta guinea a cada boniato, ponemos miel encima pescado ahumado y jutia, después que esté preparado esto colocamos al plato el paño verde al plato y encima ponemos los 3 boniatos se lo presentamos a Oggún y moyugbamos soplamos aguardiente humo de tabaco.

9

Lo dejamos por 3 días frente a Oggún en caso que no tengamos a Oggún puede ser frente a los guerreros. Luego lo envolvemos el pañuelo y le hacemos 3 nudos, lo entregamos en la línea del tren, pidiendo que solucionar nuestros problemas.

LIMPIA CON UN COCO PARA SACAR MALO.

Materiales:

Coco seco(Obí)
Cascarilla(Efún)
Añil
Tabaco (Achá)
Aguardiente de caña (Otí)
2 velas blancas (Itana Meyi)

Se coge el coco se pone debajo del chorro de agua para refrescarlo cuando este seco se pinta con y añil. Una vez que se ha secado la pintura, se lo ponemos con las velas Al frente de Elegguá para que le de la carga necesaria. Luego que las velas se hallan apagado se pasa por la casa empujándolo con el pie izquierdo, y moyugbamos(rezo)desde el fondo de la casa hacia afuera. El coco recoge las malas energías que hay en la casa. Al acabar terminar tomamos el coco con la mano izquierda llevamos el coco en una calle con cuatro esquinas allí con fuerza lo vamos a romper pidiendo que según rompemos este coco se rompan todas las cosas malas que había en nuestro hogar y que a partir de ahora solo quieres que lleguen las buenas. Quizás a muchos le parezca que esta obra es un poco sencilla, pero todo está en la fe que le pongas a lo que hagas y los deseos de vencer los obstáculos.

Esta obra es efectiva hacerla un lunes para ganar favor con Elegguá el dueño absoluto de los caminos en la Osha. Maferefun Baba Elegguá.

Materiales:

Un coco seco(Obí)
3 Pimienta guinea(Ataré)
Papel amarillo o de bodega
Lápiz de carbón
Maíz tostado(Aguado)
Aguardiente de caña(Otí)
Miel de abejas(Oñí)
Una prenda interior (del o ella)
Bálsamo tranquilo
2 velas blancas(itana meyi)
Hilo de coser rojo y blanco

Se parte un coco por la mitad, se le quita el agua y se pone dentro un papel en el que se habrá escrito el nombre de la persona que es infiel. Se añaden tres pimientas de Guinea(Ataré), maíz tostado(Aguado), la miel(Oñí) y prenda interior. Se vuelven a juntar las dos mitades del coco(Obí) y se envuelven en hilo rojo y blanco hasta que le coco este completamente cubierto con estos colores. Entonces presentamos el coco delante de Elegguá y le prendemos las dos velas, la obra la ponemos durante 21 días. Si no si tiene recibido Elegguá se deja el coco detrás de la puerta de entrada de la casa. Durante los 21 días se pide a Elegguá que rompa la relación de la persona infiel y que regrese a usted.

Esta lámpara se hace cuando uno está pasando momentos difíciles para conseguir empleo.

Materiales:

Aguardiente de caña (Otí)
3 Pimienta de guinea(Ataré)
Miel de abejas (Oñí)
Manteca de corojo(Epó)
Mantequilla
Jutia ahumada(Ekú)
Pescado ahumado(Eyá)
Harina de maíz
Aceite de comer
Cazuelita de barro
Papel blanco
Lápiz de carbón
2 velas blancas(Itana Meyi)
Tabaco(Achá)

Tomamos la cazuelita y la vamos a untar de manteca de corojo(Epó), se le echa un chorrito de aguardiente de caña(Otí), 3 pimientas de guinea(Ataré), miel de abejas(Oñí), mantequilla, un poquito de jutia ahumada(Ekú), pescado ahumado(Eyá), harina de maíz, aceite de comer y se presenta frente a Elegguá, escribimos en el papel blanco una carta a Elegguá contándole todos nuestros problemas para conseguir empleo, doblamos la carta y la ponemos bajo la cazuelita de barro, moyugbamos(rezo) prendemos las velas(Itana Meyi) y le echamos humo de tabaco a la cazuelita y a Elegguá. Lo ponemos por 9 días y luego el contenido va a la manigua.

Esta obra se hace cuando queremos ganar a nuestro favor a una persona que no confía en nosotros o queremos algo de esa persona. La obra se hace nombre de Shango.

Materiales:

Un vaso blanco de cristal
Una vela blanca(Itana)
Dos cucharadas de azúcar parda
Papel blanco
Lápiz de carbón

Llenamos el vaso con agua y le ponemos las dos cucharadas de azúcar parda, metemos la vela encendida. Se escribe en un papel el nombre del que se quiere endulzar y se mete en el agua. Se presenta frente a Shango haciéndole la moyugba(rezo) y pidiendo que endulce a su favor a esa persona.

Moyugba(rezo) a Shango

¡La justicia llegó! Abran paso a Shango, Su hacha no tiene preferidos.
Le teme el rey como el mendigo, el rico como el pobre, el poderoso como el desprotegido, Ayúdame y defiéndeme de las trampas de mis enemigos. Que ningún juez en la Tierra, desobedezca tu intercesión, que sea su decisión mi padre, plena y justa. Protégeme, tenle piedad a los que no te entienden, haced la justicia. Haz que así suceda que yo pueda vencer y dominar a (decir el nombre). Mi fe, en ti deposito. ¡Así sea!

BAÑO PARA APARTAR OSOGBOS (NEGATIVO)

Estas 9 hierbas(Ewe) la vamos a utilizar para apartar osogbos (cosas negativas) este baño se lo dedicamos a las 7 potencias africanas y a las comisiones de limpia del monte.

Materiales:

Abrecaminos
Quita maldición
Rompezaragüey
Artemisa
Álamo
Espanta muerto
Salvadera
Vencedor
Muralla
Cascarilla(Efún)
Agua de Florida
Tabaco(Achá)
2 velas blancas (Itana Meyi)

En un recipiente ponemos agua y vamos desbaratando con nuestras manos, todas las hierbas(Ewe), hasta que el agua se torne verde bien oscuro. Pasamos esta agua por un colador y le agregamos la Cascarilla(Efún), Agua de florida prendemos las dos velas blancas para darle la carga necesaria. Le prendemos el tabaco(Achá) y le echamos bastante humo al recipiente y le moyugbamos a las 7 potencia, para mejor efecto se recomienda darse 3 o 5 baños seguidos. Luego de bañarnos, no nos secamos dejamos escurrir esa agua y vestimos ese día ropa blanca.

En el nombre de Dios Padre, Hijo y
Espíritu Santo, pido permiso y facultad
para trabajar en esta hora y en este
momento, por vías espirituales, para
invocar a las 7 Potencias que estáis
alrededor de los Santo entre los Santos.
Me arrodillo ante Ustedes para implorar
su intercesión ante el Gran Poder de
Dios. Padre Amoroso que nos protegéis os
reclamo invocando el Dulce nombre de
Jesús. Os suplico de todo corazón que
atendáis con urgencia lo que os solicito
(**Hacer Aquí tu Petición con Mucha Fe**) Y
me des la paz de mi espíritu, la
estabilidad y bienestar sentimental
y la prosperidad material. Changó
defiéndeme de mis enemigos, Oshun
ayúdame a progresar, Yemayá guía mis
pasos, Obatalá esparce bondad en mí
camino Oggún no me desampares, Orula
propicia beneficio en mi futuro, Elegguá
poderoso intercede por mí, Olofi permite
que tu sabiduría llegue hasta mí,
Cúbreme con el velo de tu gracia, Y el
resplandor de tu magnificencia, Amen.

* Rezar Tres Padrenuestros

16

Materiales:

Un vaso de cristal
Leche de vaca
Tijeras metálicas
Lápiz de carbón
Cruz de madera mediana
Pólvora(Fula)
Vela blanca(Itana)

Un vaso con leche, tomamos la cruz y con el lápiz ponemos el nombre de nuestro enemigo unas 7 veces por toda la cruz, metemos la cruz de madera de forma inversa en el vaso o sea al revés y metemos la tijera abierta dentro del vaso, y comenzamos a pedirle: **según se corte esta leche con esta tijera, así se le cortaran todos los malos pensamientos a (nombre del enemigo).** Se le hacen un circulo de pólvora alrededor del vaso. Con mucho cuidado para evitar accidentes prendemos la vela y con esta misma vela arreamos la pólvora (forma de decir para quemar la pólvora) y luego le dejamos prendida la vela a la obra. Este trabajo es preferible que lo haga fuera de su casa sea en su jardín para evitar malas energías en su casa.

Este resguardo para nuestras casas es muy antiguo y muy efectivo porque con el vamos a evitar que todo lo malo que llegue a nuestras casas quede clavado en las espinas del cactus y no nos haga daño.

Materiales:

Hoja de Tuna (cactus espinoso)
Cinta roja
Cinta negra
Cinta verde
Tabaco(Acha)
Aguardiente de caña(Oti)

Para este Ritual tendremos un Cactus(hoja de Tuna, es la que tiene muchas espinas), invocaremos a Oggún guerrero, Elegguá, a la comisiones de protección y vencimiento Batalla, el cactus lo prepararemos de la siguiente manera: soplamos siete veces el Ron encima del Cactus (hoja de Tuna) , le echaremos humo de tabaco y amarremos el Cactus con las cintas e invocando que este Cactus nos proteja de toda influencias negativas y las aleje de nuestras casas o negocio todo lo malo ,que proteja matrimonio, que en sus espinas se claven para siempre sus pensamientos negativos , y que a partir de este momento solo entren evoluciones e influencias positivas a nuestros hogares llenos de prosperidad y grandes vencimientos Si estamos en guerra tenemos que ser los Vencedores. Colocaremos el Cactus detrás de la puerta principal convirtiéndose en un gran Aliado y Protector de nosotros y nuestros hogares.

Esta obra la vamos a montar a las doce del mediodía o de la noche debemos tener mucho cuidado cuando la montemos de no recoger malas energías. Se recomienda después de hacer la obra tomar un baño de limpia: con leche, cascarilla, manteca de cacao y una cucharada de alcohol, luego vestir ropa blanca.

Materiales:

Frasco de cristal con tapa
Sal
Vinagre
Borra de café
9 Peonía (ewereyeyé)
Pólvora(etubón)
Pelos de perro
Pelos de gato
Papel amarillo
Lápiz de carbón
Vela negra(Itana dudú)

En el frasco de cristal vamos a poner los materiales antes mencionados, escribimos el nombre de las personas que queremos separar lo quemamos y lo ponemos las cenizas también dentro del frasco. Se hacen 7 cruces pequeñas de pólvora alrededor del frasco, se prende la vela negra y con la misma vela se arrea la pólvora y se pone encima del frasco la vela y se reza: "Al igual que esta vela se va consumido y ya nunca podrán volver a formarse de nuevo, el amor que une a (nombre de la pareja) se consumirá para siempre y jamás volveréis a estar juntos".

Cuando la vela se apague ponemos esto en
un lugar obscuro y tranquilo de vez en
cuando lo agitamos y pedimos. Cuando
surja efecto levantamos la obra.

Materiales:

8 huevos de gallina
Manteca de cacao(Orí)
Bálsamo tranquilo
Algodón
Plato blanco
2 velas blancas (Itana Meyi)

Se salcochan los 8 huevos, se embarran con manteca de cacao, y bálsamo tranquilo. Se tapan con algodón; se presenta frente a Obatalá y se le rinde cuenta de lo que está sucediendo se le prende las dos velas blancas. Se habla con Obatalá diciéndole: aquí le entrego en su trono mi padre, para que lo apacigüe, se encargue de amansarlo (nombre de la persona) esta obra la mantenemos por 8 días al pie de Obatalá y luego se llevara a un árbol de ceiba.

Este trabajo de limpia con Elegguá es muy efectivo cuando necesitamos pedirle conseguir empleo urgente.

Materiales:

Tres pescaditos(Eyá)
Miel de abejas(Oñí)
Manteca de corojo(Epó)
3 Pimienta guinea(Ataré)
2 velas blancas (Itana Meyi)

Se cogen los tres pescaditos y se embarran por un lado de Oñí y por otro lado con Epo, se le pone una pimienta a cada pez en la boca. Se le presenta a Elegguá luego no los pasamos por todo el cuerpo limpiándonos le prendemos las dos velas blancas, moyugbamos(rezo) y hacemos la petición. Al tercer día se sale a botarlo a tres esquinas (un pescadito en cada cruce de calle).

Cuando tenemos
problemas de justicia injustificada que
se nos culpa de algo que no hicimos,
vamos al pie de Ochosi

Materiales:
Siete guayabas
Manteca de corojo(Epó)
Tabaco(Achá)
7 cintas azul
7 cintas amarillas
Aguardiente de anís
Plato blanco
2 velas blancas(Itana Meyi)

Se toman las guayabas se va llamando a
Ochosi y se le va unta Epó y se va
amarrando con una tira azul y una
amarilla se ponen todas en un plato y se
presentan a Ochosi se le sopla
aguardiente y humo de tabaco a las
guayabas y a Ochosi se le hace una
moyugba(rezo) haciendo la petición se
deja puesto por 3 días. Al tercer día ya
por la noche se para en las cuatro
esquinas y va botando las guayabas una a
una y diciendo: **"Ochosi, tu eres que
eres el cazador, a tu cargo está la
guerra"** botar dos hacia delante, dos a
los lados y los otros tres para atrás.
Cuando regrese hacia su casa echar tres
pocos de agua en la puerta de la casa y
conversar con Ochosi.

Materiales:

Papel amarillo
Lápiz de carbón
Aguardiente anisado
Tabaco(Achá)
Manteca de corojo(Epó)
Un pescado(Eyá)
Alpiste
Un plátano
Dos velas blancas (Itana Meyi)
Un plato blanco
Hilo de coser amarillo y azul

Pelamos el plátano y le untamos Epo
luego poner asar el plátano, cuando este
asado, rellenamos con él plátano asado
el estómago del pescado, el alpiste y
escribimos en el papel amarillo con el
lápiz el nombre de la persona.
Envolvemos el pescado con hilo amarillo
y azul para que no se salga lo que le
pusimos dentro, le untamos bastante Epo
por fuera del pescado, lo colocamos en
el plato y se lo presentamos a Ochosi,
le prendemos las dos velas blancas le
soplamos aguardiente y humo de tabaco,
esta obra la ponemos por 12 días, y
diga: "así como se desintegra el pescado
se desintegre (nombre de la persona) no
vuelva a molestarme ". Luego llévelo a
la manigua o bosque.

24

Materiales:

Un coco seco(Obí)
Hilo amarillo y azul
7 semillas de calabaza
7 pimientas de guinea(Ataré)
Precipitado rojo
7 granos de maíz tostado(Aguado)
Pescado ahumado(Eyá)
Jutia ahumada(Ekú)
7 Peonía (ewereyeyé)
1 flecha pequeña
Almendra
Ceiba
7 agujas
1 vela blanca(Itana)
Papel amarillo
Lápiz de carbón

Se toma papel amarillo y se coloca el nombre de la persona con que se tiene el problema, se parte el coco seco en dos, le ponemos el nombre que escribimos y lo vamos a pinchar con los 7 alfileres y con la flecha pequeña, luego se le hecha las 7 semillas de calabaza, las 7 peonias, granos de maíz tostado, las 7 pimientas de guinea, el pescado ahumado y la jutia, los palos de almendra y ceiba los vamos a rayar hasta hacerlos polvo y ese polvo se lo echamos junto a lo demás y por ultimo ponemos el precipitado rojo, se le coloca

la otra mitad al coco y se comienza a
envolver con hilo azul y amarillo el
coco para se unan las dos mitades
formando el coco de nuevo, encima del
coco se coloca una vela blanca, se le
pide a Ochosi: "Mi padre, desaparezca
mis problemas con (nombre de la
persona), yo no tengo enemigos, usted es
a el que se encarga de hacer justicia
con su arco y sus flechas" y a los 7
días se va y se entierra el coco en el
monte.

Este resguardo se lo vamos a dedicar a Elegguá el dueño de los 21 caminos, dueño de todas las puertas. Vamos a pedir "que aparte Osobbo ikú: la muerte. Osobbo aro u ano: enfermedad. Osobbo iña: discusión, pelea. Osobbo ofo: pérdida, perturbación repentina, bochorno".

Materiales:

1 palo de guayaba
Cintas negras
Cintas rojas
3 cascabeles
3 llaves pequeñas que se hayan usado anteriormente
1 herradura
1 vela blanca(Itana)
Aguardiente de cana (Otí)
Tabaco(Achá)

Adorne el garabato con las cintas negra y roja. En el centro del garabato atar la herradura. En la punta superior, atar las llaves y los cascabeles. Luego lo vamos a bautizar o preparar con bastante humo de tabaco y le vamos a soplar aguardiente, le prendemos la vela par que reciba la gracia y la energía de Baba(papá) Elegguá. El objetivo de este resguardo es que proteja nuestros hogares contra la envidia, el mal de ojo, la negatividad apartar la muerte, enfermedades y discusiones. Si tiene algún problema de estos golpee el suelo para llamar a Elegguá por su protección. El garabato va detrás de la puerta. Se recomienda cada 21 días o una vez al mes darle energía con humo de tabaco y aguardiente. En caso que se sienta mal usted puede usarlo para limpiarse con el

27

siempre invocando a Elegguá el que todo
lo sabe el que todo lo ve.

A veces tenemos proyectos que vamos hacer y se nos desbaratan rápidamente esta es una buena obra espiritual para que lo que tenemos planeado tenga firmeza y nos proteja de alguna mala decisión influencia. Lo vamos a consagrar a las 7 potencias africanas y a las comisiones guerreras.

Materiales:

1 clavo de raíl de tren
7 cintas de colores diferentes (no negro)
Una vela blanca(Itana)
Una copa de cristal
Un tabaco (Achá)

Tomamos el clavo de línea y le vamos a amarrar las cintas de colores alrededor del clavo, y lo vamos a poner dentro de la copa con agua, dentro le vamos a poner una vela blanca, esta vela no la vamos a encender hasta el día que se valla hacer el proyecto o lo que queremos lograr. Echamos humo de tabaco a la copa y moyugbamos(rezo). El agua se le puede cambiar periódicamente según el estado que se vea. Y la vela cada vez que la gastemos podemos poner otra, cuando creamos necesario o vayamos a pedir algo le echamos humo de tabaco y prendemos la vela.

Materiales:

1 casita pequeña de madera
Maíz tostado(Aguado)
Jutia ahumada(Ekú)
Pescado ahumado(Eyá)
Panal de abejas
Manteca de corojo(Epó)
Tierra del lugar donde queremos ir
Papel blanco
Lápiz de carbón
Tabaco(Achá)
Aguardiente de caña(Otí)
Plato blanco
2 velas blancas (Itana Meyi)

Vamos a embarrar la casita por dentro y por fuera de manteca de corojo, luego la vamos a rellenar de la tierra del lugar donde queremos ir en el papel blanco escribimos el nombre de las personas, la dirección que están involucradas en la venta o la renta de la casa, la seguimos rellenando con el maíz tostado. Sellamos la casita, ponemos el panal de abejas encima del plato, encima del panal ponemos la casita, y luego la presentamos frente a Elegguá haciéndole la petición y moyugbamos(rezo)le echamos por encima el pescado ahumado y la jutia soplamos humo de tabaco y aguardiente, a Elegguá y a la casita. La obra la montamos por 21 días luego la llevamos y la dejamos en lugar donde nos vamos a mudar pidiéndole a Elegguá que usted quiere que esa sea su casa.

BAÑO PARA DESENVOLVIMIENTO ECONÓMICO(INLE)

Este baño se dará tres viernes seguidos cuando tenga situaciones económicas un poco extremas, su efecto es muy rápido.

Materiales:

Albahaca
Hierba buena
Hojas de ciruela
Berro
7 bolas de añil
7 girasoles
7 Naranja
Vino dulce
Melao de caña
2 velas blancas (Itana Meyi)

En un recipiente con agua tomamos las hojas de albahaca, hierba buena, ciruela y berro las vamos rompiendo para hacer el Ewe de hierbas agregamos los girasoles las naranjas las tenemos pelada y vamos a despedazarlas con las manos no la podemos cortarlas con cuchillo las exprimimos para sacar su jugo, ponemos un chorro de vino dulce y el melao de caña y por ultimo agregamos las 7 bolas de añil. Esto lo presentamos ante el Orisha Inle prendemos las dos velas blancas, pidiendo salud que es lo principal y luego desenvolvimiento económico, nunca pedir dinero.

Esta es una limpia muy efectiva ya que la estamos haciendo con el orisha Inle (San Rafael Medico Divino), siempre que vayamos hacer algo con este orisha se hará en día viernes. Debemos vestir ropa blanca el resto del día.

Materiales:

3 boniatos
1 parguito mediano sin limpiar
7 bolas de añil
Un plato blanco
Un recipiente
Agua de rio
Melao de caña
Miel de abejas(Oñí)
Muda de ropa para romper
2 velas blancas (Itana Meyi)

Lo primero que vamos hacer es poner desde el día antes el agua de rio con las 7 bolas de añil frente al orisha y moyugbamos(rezo) y le prendemos las dos velas. Luego lavamos muy escrupulosamente los boniatos que no le quede nada de tierra ni suciedad y lo embarramos en miel de abejas y melao de caña, le hacemos lo mismo al parguito (este pescado debe tener las vísceras dentro, si no sirve) ponemos los boniatos y el pez en el plato, presentamos frente al orisha, nos quitamos los zapatos y nos vamos a meter dentro del recipiente que tiene el agua de rio con añil.

Comenzamos a limpiarnos todo el cuerpo
con los boniatos y por ultimo con el
pez. Todo esto lo llevamos a la
desembocadura del rio piendole al orisha
que se lleve todos nuestros males y nos
devuelva la salud.

Materiales:

Copa blanca
3 palitos de Vencedor
3 palitos Pierde Rumbo
3 palitos de amansa guapo
Tabaco(Acha)
Vino blanco
1 vela blanca(Itana)
Estampa de San Alejo

Este trabajo lo vamos a montar un miércoles en la tarde cuando el sol empiece a ocultarse, vamos a tomar cada palito y vamos a escribir en él, el nombre de la persona, que queremos que se aleje de nuestro lado, luego lo vamos a meter en la copa con el vino blanco, rezamos la oración de San Alejo 3 veces y un padre nuestro. Luego ponemos la copa encima de la estampa de San Alejo pidiendo que la persona desaparezca de nuestras vidas le prendemos la vela. Situamos esta obra en un lugar oscuro y apartado que visitemos muy poco en la casa. Los miércoles le echamos un poco de humo de tabaco y le prendemos una velita blanca, pidiendo hasta que logremos nuestro objetivo.

*Esta demás recordar, que en esta vida existe el karma, que mal que hagas todo regresa. Hay trabajos que lo hacemos con el fin de defendernos, si nos hacen daño.

Materiales:

frasco de cristal con tapa
Un ángel del guarda pequeño (bultico, figurita)
Hielo
Bálsamo tranquilo
Cinta color negro
12 velas de colores diferentes

Vamos a tomar el bultico del ángel de la guarda y le vamos a tapar los ojos con la cinta negra, por todo el cuerpo vamos a escribir el nombre de la persona que le dedicamos el trabajo, luego lo vamos acomodar en el recipiente al revés o sea de cabeza, rellenamos con hielo el frasco y echamos el bálsamo tranquilo. Le invocamos el ángel de la guarda de la persona pidiéndole que duerma y que no lo acompañe. Luego prendemos las doce velas alrededor del frasco. Cuando las velas se apaguen enterramos el frasco en un lugar lejos de nuestra casa puede ser un bosque o monte.

Materiales:

Plato blanco
2 velas blancas (Itana Meyi)
5 mangos verdes(fruta)
Manteca de corojo(Epó)
Vaso cristal
5 estillas de canela
Miel de abejas(Oñí)

Se toma el plato blanco hacemos una cruz
de manteca de corojo(Epó), Se colocan
cinco mangos verdes y se les unta
manteca de corojo (Epó), o frutas verdes
que Oshun coma, y se le amarran una
cinta amarilla a cada fruta con el
nombre de quien se quiera vencer y se
dice:
"Iyalorde mi madre según usted madura
estas frutas que (nombre de la persona)
sea dominado, ayúdeme a vencer esta
guerra, mi madre."
En el centro de las frutas se pone un
vaso con miel de abejas(Oñí), cinco
estillas de canela, lo tapamos con un
paño amarillo y le prendemos las dos
velas blancas (Itana Meyi), se le pueden
encender diario una vela y volver a
hacer la petición según la necesidad de
resolver el problema, la dejamos por un
periodo de 10 días y entregamos la obra
al río.

*Recuerde cuando lleve cualquier addimu
o trabajo que haga al rio antes de
entregarlo échele miel al rio y
moyugbe(rezar) para endulzar al orisha
Oshun y que ella no este agria con
nosotros y nos reciba bien lo que se le
lleve.

Materiales:

Aguardiente de caña(Otí)
Aguardiente anisado
*Aguardiente preparado
3 recipientes de güira
Tabaco(Achá)
Maíz tostado(Aguado)
Jutia ahumada(Ekú)
Pescado ahumado(Eyá)
Miel de abejas(Oñí)

Se llenan en los recipientes de güira cada uno con una clase de aguardiente distinto y se le presentan a Oggún, se le echa encima de Oggún maíz tostado, jutia ahumada, pescado ahumado y miel de abejas, se le sopla humo de tabaco, y se le rocía por encima con los aguardientes, moyugbamos(rezo) todo esto para obtener el favor que necesitamos de este Orishas se le encienden dos velas blancas. Se chequea los recipientes donde se le sirvió el aguardiente y si no tiene se rellenan, pero no se deben tener secos. Se le retirara las 3 bebidas

*Aguardiente preparado: ver próxima página

Esta es una bebida preparada especial para el orisha solamente se debe utilizar cuando queremos ganar algún favor del o soplarla para limpiezas cuando se trabaja con el orisha y baja al Eri(cabeza).

Materiales:

1 botella de aguardiente de caña(Oti)
Miel de abejas(Oñí)
Tabaco(Acha)
3 tipos de pimienta
3 chiles tarro de venado
3 ají guaguao
Una pizca de pólvora(fula)
Una estilla de palo quiebrahacha
Un curujey pequeño.
Pedacito de jengibre

Este ron lo hace uno mismo, se toma una botella de aguardiente de caña y se ponen dentro: una taza de miel de abejas(Oñí), 3 tipos de pimienta (pimienta guinea, pimienta negra, pimienta dulce), 3 Ají guaguao, 3 chiles tarros de venado (ajíes picante) y una pizca de pólvora(fula), un pedazo de tabaco, curujey pequeño, un pedazo de jengibre, un pedacito de palo quiebrahacha. Esta bebida la vamos a enterrar por 21 envuelta en un paño verde para que agarre fuerza y se la soplamos a Oggún cuando queremos un favor especial o queremos que guerree por nosotros.

*Esta bebida es muy caliente, tenga mucho cuidado al soplarla.

Esta obra la montaremos un viernes, es muy buena para su dinero se multiplique y en su casa nunca falte nada, cada cierto tiempo usted debe gastar esos billetes que están en la obra y poner nuevos. Las hojas de helecho se cambian cuando estén secas y se ponen nuevamente.

Materiales:

5 hojas de helecho
Vaso de cristal
Azúcar parda granulada
5 Billetes de $1
Estampa de la caridad del cobre
1 vela blanca

Tomamos el vaso de cristal y acomodamos los cinco billetes, rellenamos el vaso de Azúcar parda granulada y le acomodamos la estampa dentro del vaso de la Virgen de la Caridad del Cobre y por ultimo acomodamos las hojas de helecho. Y prendemos la velita. Se recomienda leer la oración de la Virgen de la Caridad del Cobre y cada vez que su situación económica no este buena pedirle y prenderle la velita.

*El helecho es una planta muy buena religiosamente ya que, según la cultura religiosa, ¨hace un hecho¨ o sea realidad lo que se le pida, es bueno tenerla ornamentalmente en la casa para que atraiga prosperidad y desenvolvimiento económico.

Esta obra la vamos a montar cuando tenemos muchos problemas que nos estén tirando brujerías o alguna guerra entre enemigos. Usted vera si le han tirado alguna brujería en su hogar como el huevo recoge y si es muy fuerte el huevo se romperá.

Materiales:

Vaso de cristal
Platillo de café
Huevo de gallina
Lápiz de carbón
Papel amarillo
1 vela blanca

Tomamos el huevo y le vamos a dibujar en ambas puntas del huevo la firma que le dejo, que pertenece a Shango. Luego vamos a pedirle al Orisha Shango que nos limpie de cualquier osogbo (mal) que tengamos: nos pasamos el huevo por todo el cuerpo. Ponemos el huevo dentro del vaso de cristal lleno de agua y le ponemos el platillo, viramos el vaso al revés y le ponemos la vela encendida arriba. Y lo colocamos en un lugar tranquilo esta obra la mantendremos montada por dieciséis días. Y vigilamos los resultados.

Este baño es recomendado cuando queremos obtener algo deseado.

Materiales:

1 cubo de agua
8 cucharaditas de agua bendita(omí lasa)
8 flores blancas
Piedra de alumbre
1 clara de huevo
1 gota de bálsamo tranquilo
Agua de florida
2 velas blancas

Se toman las flores blancas y le quitamos los pétalos y las ponemos en el cubo de agua, echamos las ocho cucharadas de agua bendita, ponemos la clara de huevo, trituramos la piedra de alumbre en un mortero y cuando esté hecha polvos se la agregamos al baño, le ponemos una gota de bálsamo tranquilo, un chorrito de agua de florida, presentamos al orisha Obatalá, y prendemos las dos velas haciéndole nuestra moyugba(rezo). Después de preparado el baño echárselo de los hombros hacia abajo, esperar un rato escurrirnos y secarnos con el aire, se recomienda vestir de blanco.

Este baño esta especialmente preparado para limpiarse del mal y negatividad que nos envían, además de eliminar brujerías.

Materiales:

4 granadas rojas(fruta)
1 carbón
6 príncipes negros(flores)
1 cascarilla(Efún)
Perfume 7 potencia
2 velas blancas (Itana Meyi)

Partimos a la mitad las granadas extraemos todas sus semillas y las ponemos en el recipiente con agua que tenemos, la flores utilizaremos los pétalos los cuales vamos agregar al recipiente juntos con lo demás, echamos la cascarilla y un chorro de perfume siete potencias por ultimo prendemos el carbón y cuando arda un poco lo ponemos en el baño prendido. Presentamos al orisha Shangó que es a quien vamos a pedir que nos limpie de todo lo malo y de cualquier maldición o brujería prendemos las dos velas blancas. Cuando las velas se gasten procedemos a darnos el baño de los hombros hacia abajo nos escurrimos el baño y nos secamos al aire, vestimos ropa blanca.

BAÑO PARA LA SALUD Y LA SUERTE (SHANGÓ)

Materiales:
4 tomates bien rojos maduros
Agua de Florida
Canela en polvo
Álamo
Rompezaragüey
Ruda
Miel de abejas(Oñí)
2 velas blancas (Itana Meyi)

Triture las hierbas y los tomates en el recipiente de agua como si estuviera haciendo un **omiero**. Agregue un chorro del frasco de Agua de Florida, la canela en polvo y una cucharada de Miel de abeja(Oñí). Báñese normalmente como de costumbre y enjuáguese y luego aplíquese este baño; déjelo secar un rato. Vista de blanco es lo recomendado. Este baño puede realizarse una vez cada semana jueves o domingos.

* El Omiero es un líquido, hecho a partir de hierbas maceradas con las manos.

BAÑO PARA ALEJAR LA ENFERMEDAD (BABALÚ AYÉ)

Materiales:

Escoba amarga
albahaca morada
vencedor
salvadera
maíz tostado(Aguado)
vino seco sin sal
agua de coco
1 taza de leche de chiva
2 velas blancas (Itana Meyi)

Poner a hervir las hierbas luego las
echamos en un recipiente donde nos
daremos el baño y dejamos refrescar,
seguido agregamos la taza de leche de
chiva, el vino seco, el agua de coco y
el maíz tostado, esto se deja delante de
la sopera de Babalu Aye, hasta el día
siguiente con las dos velas prendidas,
hacemos la moyugba con nuestra petición
al otro día nos baña y vestirse de
blanco esto se tiene que hacer miércoles
o viernes por 4 días seguidos.

Materiales:

Un vaso de cristal
Un puñado de arroz
Rama de albahaca morada
9 moneda de color cobre
Una vela blanca

Lavamos el puñado de arroz y recogemos
el agua de arroz, la colocamos en el
vaso de cristal, colocamos la rama de
albahaca morada, las nueve monedas, con
la vela blanca dentro, hacemos la
petición a Oyá. Dejamos la obra por
nueve días a los nueve días, sacamos la
vela de dentro del vaso, le ponemos un
platillo de café a la boca del vaso y
viramos encendemos la vela y la ponemos
en el fondo del vaso pidiendo que
nuestro problema se vuelva un Iré(bien).

Materiales:

Escoba amarga
Siguaraya
Perejil
Cabeza de ajo pequeña
Hierba Quita maldición
Anís estrellado
Perfume Pompeya
2 velas blancas(itana meyi)

Desbaratamos las hierbas con las manos
en un recipiente (escoba amarga,
siguaraya, perejil) y ponemos a hervir
la cabeza de ajo el anís estrellado y la
hierba quita maldición, dejamos
refrescar y unimos los líquidos,
agregamos un chorro de perfume Pompeya
nos damos el baño de los hombros hacia
abajo dejamos escurrir no podemos
secarnos el cuerpo luego se viste de
blanco. Se deben dar tres baños seguidos
para que surja efecto.

INDICE

Made in the USA
Las Vegas, NV
29 November 2024

12872180R00031